Las granjas

por Elizabeth Moore

Consultora:
Adria F. Klein, Ph.D.
California State University, San Bernardino

capstone
classroom
Heinemann Raintree • Red Brick Learning
division of Capstone

Las granjas tienen vacas.

Las vacas nos dan leche.

Las granjas tienen gallinas.

Las gallinas nos dan huevos.

Las granjas tienen manzanos.

Los manzanos nos dan manzanas.

¿Qué más nos dan las granjas?